PITMAN

FRENCH

SHORTHAND

DOROTHY TARL
FRSA, FSCT

PITMAN PUBLISHING

First published 1974

SIR ISAAC PITMAN AND SONS LTD
Pitman House, Parker Street, Kingsway, London, WC2B 5PB
P.O. Box 46038, Banda Street, Nairobi, Kenya

SIR ISAAC PITMAN (AUST.) PTY LTD
Pitman House, Bouverie Street, Carlton, Victoria 3053, Australia

PITMAN PUBLISHING CORPORATION
6 East 43rd Street, New York, N.Y. 10017, U.S.A.

SIR ISAAC PITMAN (CANADA) LTD
495 Wellington Street West, Toronto 135, Canada

THE COPP CLARK PUBLISHING COMPANY
517 Wellington Street West, Toronto 135, Canada

ISBN: 0 273 31640 0

Text set in 9/10pt. IBM Press Roman, printed by photolithography,
and bound in Great Britain at The Pitman Press, Bath

G4–(S.665:24)

INTRODUCTION

PITMAN FRENCH SHORTHAND

For students and others who already know Pitman English shorthand Pitman French Shorthand provides an incredibly simple and fast way to acquire proficiency in writing shorthand from French dictation, either of a commercial or general nature.

New learning has been cut to a minimum and the theory can be mastered in a few hours.

There is continuous, repetitive revision of Short Forms throughout the fifty-five consolidating exercises, as well as an exceedingly valuable page of Useful Phrases, together with a comprehensive alphabetical list of Short Forms. The exercises printed in shorthand should be read, copied and transcribed, and the longhand exercises should be written in shorthand.

By including a Key to the Exercises as an integral part of the book, so that the student can work forward to and backwards from the Key, the system can be successfully used both for class instruction and for individual tuition to speed up the learning process and develop a sense of progress. The inclusion of the Key also reduces marking and blackboard time.

Since phrasing is essentially a personal thing, it is suggested that teachers and students work out together the groups of words that are to be phrased in the exercises. Suggested phrases are given in the Key at the back of the book.

The instructions are in English so that students whose French is perhaps not so advanced should have no difficulty in comprehension.

For the first time in any manual of French Shorthand the author has included some simplified rules of French grammar dealing very concisely and simply with agreements, infinitives and accents — the main causes of errors not only in shorthand transcription, but in French written by students whose mother-tongue is not French.

CONTENTS

SOME SIMPLIFIED RULES OF FRENCH GRAMMAR

1   The INFINITIVE is used after a *preposition*
    Inutile *de* le *faire*
    Nous sommes prêts *à* vous *témoigner* notre gratitude
    Il est impossible *de satisfaire* à toutes les demandes

2   The INFINITIVE is used after *another verb*
    Vous *allez voir* la fête
    Elle a *fait travailler* les enfants
    Je *compte arriver* demain à Paris

except after any part of ÊTRE and AVOIR, when the verb must agree:

    (*a*)   either with its *subject* if it is part of ETRE
            Nous serons obligés

    (*b*)   or with its *preceding object* if it is part of AVOIR
            Nous avons reçu la lettre (no agreement)
            Nous l'avons reçue (preceding object)

BUT

    (*c*)   where part of AVOIR and ÊTRE occur together, the *combined verb* must be treated as part of ETRE.
            Les marchandises qui vous *ont été* adressées.

3   *ÉTÉ* always remains constant.

4   *DE + ADJECTIVE + NOUN.* Unless the meaning is obviously in the singular, both the adjective and noun are almost always in the plural. When in doubt, it is usually safer to use the plural.
            de grande*s* maison*s*
            de gros marché*s*
      BUT   d'autre part

5   *CI-JOINT and CI-INCLUS.* These do not agree *before* a noun, as they are then *adverbs* and not adjectives.
            Je vous envoie *ci-joint* la lettre (adverb)
            Je vous envoie la lettre *ci-jointe* (adjective)
            ('inclu', without the *s*, is part of the verb — j'ai inclu — and follows the usual agreement with AVOIR)

6   *FORT and TOUT.* These do NOT agree when they mean *very* and *quite.*
            Nous sommes fort obligés

7   *Words ending in MENT* are MASCULINE. (Exception: la jument = mare)

8   *Words ending in SION, TION* are always FEMININE.

9   *ACCENTS.* a. There is NO ACCENT on *ex*, nor on *es*, where the *s* is sounded, because in both cases the vowel is already expressed in the spelling.

               b. There is an ACUTE ACCENT on all words beginning with éch.

10   *THE APOSTROPHE:* l', d', etc.

For clarity of transcription it is preferable to disjoin this, i.e.

j'avais   l'aîné   l'age

These can all be joined very easily, but can delay or confuse transcription.

For outlines where there can be no possible confusion, the apostrophe l', d', etc. should be joined, i.e.

l'expression   l'acceptation

VOWELS

First Position Vowels

represented by a *Light Dot*   .   ā   (including the nasals: in, im, ain) singulier; impossible; sain; marche; ainsi; cadeau, mal; château.

represented by a *Heavy Dot*   •   ah   (including the nasals: en; em; an) enfance; emploie; pas; rang.

represented by a *Light Dash*   ‒   ŏ   orage; mauvais; donner; tort.

represented by a *Heavy Dash*   ▬   aw   (including the nasals: om; on) ombre; oncle; vont.

       v   eye   taille; faillite; railleur.

NOTE: All initial nasals are in *first* position.

Second Position Vowels

represented by a *Light Dot*   .   ě   elle, tête, cesse, même, laisse.

represented by a *Heavy Dot*   •   ay   lait, sait, pays.

represented by a *Light Dash*   ‒   eu   peut, heure, revenu, queue, coeur.

represented by a *Heavy Dash*   ▬   oh   mot, côté, haut, autre, eau, dos.

Third Position Vowels

represented by a *Light Dot*   .   ĭ   irregulier.

represented by a *Heavy Dot*   •   ee   fini, vie, ici, chicaner.

represented by a *Light Dash*   ‒   o͞o   voulez.

represented by a *Heavy Dash*   ▬   oo   tout, foule, cou, pouce, vous.

       ∩   ew   fut, lu, cube, tulipe, dur, vu.

       ∧   ow   caoutchouc, Raoul.

CONSONANTS

Similarities
Straight strokes

P/B: T/D: K/G: W: Y   As in English

Curved Strokes

F/V: S/Z: M: N: L (up and down): R (up and down)   As in English

Hay — not sounded in French but for easier transcription the rules for English shorthand, i.e. upward and downward stroke 'hay' and tick 'h' may be used, e.g.

Upward stroke 'hay'   — habit, hâche, honnête, hâte, hasardeux

Downward stroke 'hay' — haie, houx

Tick 'h'   — halle, hors, horaire

In many cases the student will use the stroke which comes automatically to her from her knowledge of English shorthand, e.g. —

hôtel, hôpital, hésiter, horizon

l' and d' may be joined or disjoined — l'habileté

When preceded by another stroke, the 'h' can be omitted, e.g. —

l'hôpital

iTH: THee — not sounded in French

SH/ZHEE These two sounds are represented in French Shorthand by the strokes CH and J.

Differences

CH as in cher, chaîne, coucher, vache, Charles

J as in jeu, plage, jeune, joli, rouge

GNE as in campagne, agneau, signaler, signature ......

Final Nasal (N or M) *A hook N* is used to denote a final nasal sound.

fin   fain   parent   seront   pourrons   (BUT serions pourrions)
for clarity

Initial or Intermediary Nasal − N or M, as the case may be

singe   ange   embarras   enfant   mélange

Final E, ER, ET, AI, EZ

Where these syllables occur at the ends of words it has been found that a small tick written in the same way as the tick 'THE' will

greatly facilitate transcription. ‾‾ marcher, ⌐ donnez. The *FINAL R* in the ER òf the infinitive is thus NOT WRITTEN.

In the following exercises, all the rules are the same as in Pitman English Shorthand unless otherwise stated.

VOWELS

Exercise 1. First Position Vowels
Write in shorthand:
taille; pas; mal; masse; col; solde; enfance; vaccin; encens; mince; ainsi; oncle; emploie; emblème; ami; catalogue; actuel; optimisme; cadeau; atome; mardi; femme; arc; tort; possède; marche; paragraphe.

Exercise 2. Second Position Vowels
Write in shorthand:
cause; laisse; lundi; queue; même; mère; revenu; lait; beurre; heure; soeur; fait; sec; cesse; nécessité; beaucoup; faire; peu; n'aime; chèque; mot; bête; règle; thème; venez; jette; bref; dette; rêve; séjour; était.

Exercise 3. Third Position Vowels

Write in shorthand:
mille; vitesse; si; ici; tout; cou; poule; pouce; tulipe; cube; but;
bilan; vous; fini; riche; rive; goût; coude; rouge; couteau; risque;
stupide; triple; trou; pli; plutôt; sur; surtout; prix; million;
caoutchouc.

Exercise 4

Write in shorthand:
pêcher; toucher; dépéchez-vous; tirer; voulez-vous; acheter; délai;
jeter; été; épée; notez; donner; erroné; armée; retiré; carré; ballet; thé;
répétez; marcher; pourrai; billet; apporter; tirez; résister; espérer;
sujet; verrez; déplacé; brevet.

Exercise 5 – Ch ⟋

Write in shorthand:
chat; vache; chou; chèque; choque; poche; chêne; chaîne; mouche; apach
chocolat; château; gauche; chicaner; pêche; chez; chaud; Charles; cheval;
cher; chic; chiffre; cheveux; chaise; chef; toucher; châlet; achat;
chute; bouche.

Exercise 6 – J ⟋

Write in shorthand:
jeu; jeune; joue; joli; page; rouge; gager; je; jamais; jeter; neige;
bijou; jus; jambe; jumeaux; géologie; gentil; genou; gens; ajouter;
bagage; mirage; Roger; Jacques; Jean; bergère; nager; nuages; manège;
jupe; jadis.

Exercise 7 – GNE ⟿

Read, copy and transcribe:

Exercise 8

Write in shorthand:
signal; signaler; ignorer; agneau; campagne; poignée; soignée; gagner;
reigne; joignit; rossignol; cognac; baigner; regagner; signe; ligne; grogne;
craignent; renseigne.

Exercise 9

NASALS — N-hook at the end of a word, or where this is not possible, (e.g. after a circle S) use *Stroke N*.

Write in shorthand:
quand; bon; pain; moulin; main; blanc; faim; fin; temps; embarras; raison; enfant; dont; bilan; mon; fréquemment; dans; masculin; front; enfin; rang; sang; éléphant; vont; bain; printemps; gant; garanti; volonté.

DIPHONES AND TRIPHONES

As in English
If the first vowel is a DOT vowel, followed by another vowel — ⌐
If the first vowel is a DASH vowel, followed by another vowel — ⌐
If the first vowel is a U followed by another vowel — ∿

THESE ARE EXTREMELY IMPORTANT

Dot Vowels

beatifier chaotique rehaussé évacuer deviendra cordiale expérience

Dash Vowels

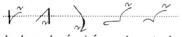

poète nuage fouet jouissons louer douane jouissance

U Vowels

duel ruade épuisé cruel mutuel

Exercise 10

Read, copy and transcribe:

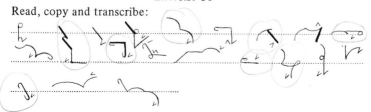

Exercise 11

Write in shorthand:
gardien; sérieuse; glorieux; idéale; réaliser; agréable; poème; suggestion; radio; matériel; payable; cruellement; question; géométral; propriétaire; réunion; clientèle; confiance; sérieux; filiale.

In the following pages EVERY RULE of Pitman English Shorthand is dealt with in relation to its adaptation into French Shorthand. Where the rule is similar, the words "AS IN ENGLISH" are added, with one or two examples. Where it is thought necessary, exercises are given on those rules which may differ slightly and require some practice.

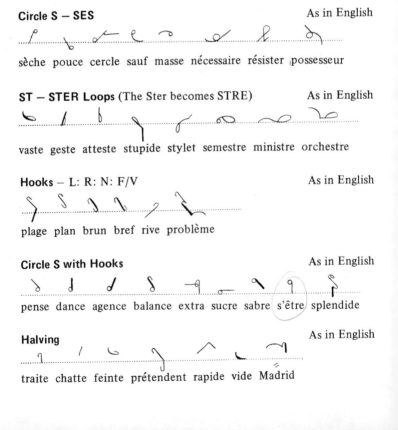

Circle S — SES   As in English

sèche pouce cercle sauf masse nécessaire résister possesseur

ST — STER Loops (The Ster becomes STRE)   As in English

vaste geste atteste stupide stylet semestre ministre orchestre

Hooks — L: R: N: F/V   As in English

plage plan brun bref rive problème

Circle S with Hooks   As in English

pense dance agence balance extra sucre sabre s'être splendide

Halving   As in English

traite chatte feinte prétendent rapide vide Madrid

Doubling for TRE: DRE: TEUR: TURE: DEUR As in English
and for RE after MP and MB

votre futur centre moindre élévateur Septembre Décembre

L can be doubled only for TRE: lettre /........ *but* laideur .⌐⌐.

Exercise 12

Read, copy and transcribe:

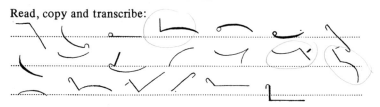

Exercise 13

Write in shorthand:
promettre; ordre; porteur; vendeur; défendeur; montre; entreprise;
entre; fendre; aventure; matériel; nature; litre; directeur; tendre;
craindre; correspondre; entreprendre; splendeur; peinture; centre;
admettre.

Prefixes As in English

Con/Com confidence .i...... complet .).... continuer .i.......

Accom accomplir .... accommoder ....⊥....

accompagner ....

Magna/Magni magnétique .... magnifique ....

magnanime ....

Trans transmission .... transporte ....

transmettre ....

| *Instr* | instruire 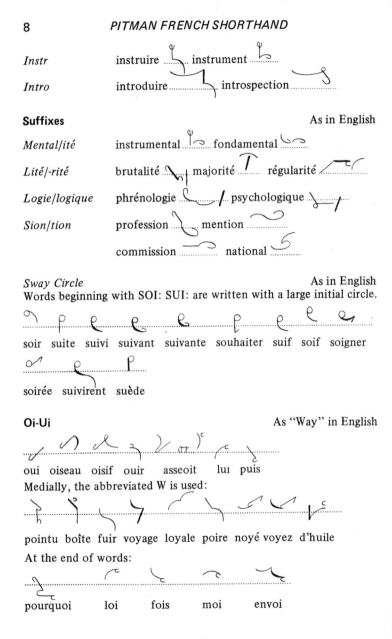 instrument |
| *Intro* | introduire introspection |

Suffixes   As in English

Mental/ité	instrumental fondamental
Lité/-rité	brutalité majorité régularité
Logie/logique	phrénologie psychologique
Sion/tion	profession mention
	commission national

Sway Circle   As in English
Words beginning with SOI: SUI: are written with a large initial circle.

soir suite suivi suivant suivante souhaiter suif soif soigner

soirée suivirent suède

Oi-Ui   As "Way" in English

oui oiseau oisif ouir   asseoit   lui puis
Medially, the abbreviated W is used:

pointu boîte fuir voyage loyale poire noyé voyez d'huile
At the end of words:

pourquoi   loi   fois   moi   envoi

Leur — Reur   As in English

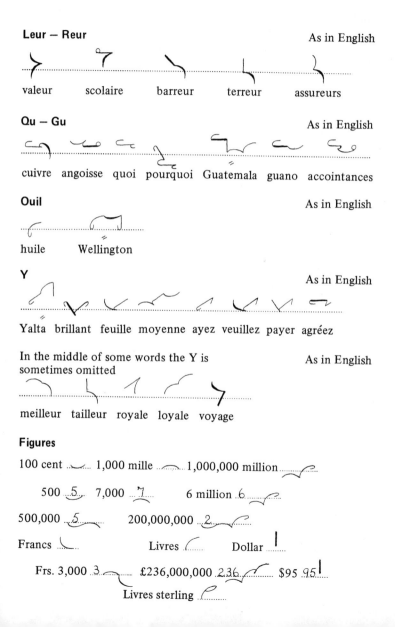

valeur   scolaire   barreur   terreur   assureurs

Qu — Gu   As in English

cuivre angoisse quoi pourquoi Guatemala guano accointances

Ouil   As in English

huile   Wellington

Y   As in English

Yalta brillant feuille moyenne ayez veuillez payer agréez

In the middle of some words the Y is   As in English
sometimes omitted

meilleur tailleur royale loyale voyage

Figures

100 cent   1,000 mille   1,000,000 million

500   7,000   6 million

500,000   200,000,000

Francs   Livres   Dollar

Frs. 3,000   £236,000,000 $95

Livres sterling

Intersections   As in English

P	partie	parti conservatoire
B	banque	Banque Centrale
T	attention	votre attention
D	département	Département Spécial
*DS	disposition	nos dispositions
CH	charge	notre charge
J	journal	Journal de Commerce
K	Compagnie/ Capital	Compagnie Maritime
G	gouvernement	gouvernement local
F	forme/formule/ -aire	nouveau formulaire
*V	valeur	grande valeur
S	société	Société Anonyme
*M	marchandise	nouvelle marchandise
N	national	Banque Nationale
ER	arrangement	arrangement nécessaire
*RN	renseignement	tous renseignements
*PR	approvisionnement	nos approvisionnements

* These are new ones and should be learned
thoroughly.

SHORT FORMS

Many Short Forms are exactly the same as in English, where the words are similar in the two languages. No special practice is given for such words. The student will find these in the Short Form List at the end of the book:

Examples: général ___/___ information ___⌣___   différence ___|___

large ___/___   intelligence ___∂___   impossible ___⌢___

There are words, however, which have no English equivalent in sound, and which, because of their frequency, need to be practised. Such words are given in the following exercises. Their number has been kept as low as possible so that the minimum of additional learning is required and the student can begin to take dictation almost at once. The Short Forms given in the exercises are by no means exhaustive, and the student will be able to formulate many contractions for herself where applicable.

A list of USEFUL COMMERCIAL PHRASES also appears at the end of the book.

Exercise 14

SHORT FORMS

aujourd'hui ___𝟸___ : est ___o___ : et ___´___ : un ___•___ : une ___••___ : la ___⌒___ :

le ___⌒___ : les ___⌒°___ : au, aux ___⟩___ : eau, eaux, haut ___ı___ : a, à ___∖___ :

je ___/___ : j'ai ___↙___ : j'y ___↙___ : je suis ___𝑏___ : j'y suis ___↙_b___ :

heure ___⌐)___ : heureux ___/___ : heureuse ___∂ °___

Read, copy and transcribe:

1. ___𝟸 / ∖ ↙ ⌢ ⟩___ ×

2. ___⌒ o ∖ M • ⌐___ ×

3. ___⌒ ⟩− o ⟩ ⟩___ ×

4. ___⌒ ⟩ o ∨___ ×

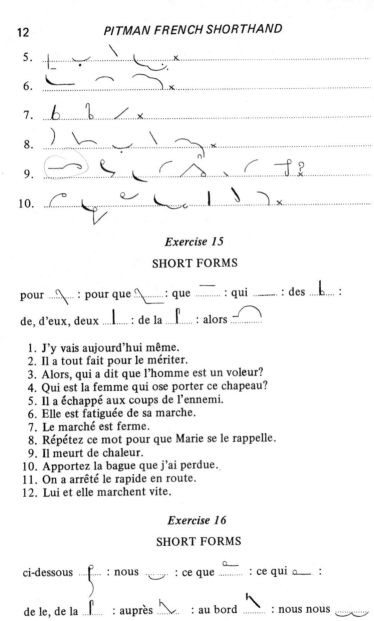

Exercise 15

SHORT FORMS

pour .... : pour que .... : que .... : qui .... : des .... :

de, d'eux, deux .... : de la .... : alors ....

1. J'y vais aujourd'hui même.
2. Il a tout fait pour le mériter.
3. Alors, qui a dit que l'homme est un voleur?
4. Qui est la femme qui ose porter ce chapeau?
5. Il a échappé aux coups de l'ennemi.
6. Elle est fatiguée de sa marche.
7. Le marché est ferme.
8. Répétez ce mot pour que Marie se le rappelle.
9. Il meurt de chaleur.
10. Apportez la bague que j'ai perdue.
11. On a arrêté le rapide en route.
12. Lui et elle marchent vite.

Exercise 16

SHORT FORMS

ci-dessous .... : nous .... : ce que .... : ce qui .... :

de le, de la .... : auprès .... : au bord .... : nous nous ....

Read, copy and transcribe:

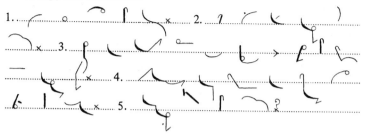

Exercise 17

SHORT FORMS

beaucoup ＿＿＿ : par ＿＿＿ : nous ＿＿＿ : nous avons ＿＿＿ :

nous vous ＿＿＿ : échantillon ＿＿＿ : de ce sujet ＿＿＿ :

ci-dessus ＿＿＿

1. Il n'a pu résister au désir. 2. Il est nécessaire de le chasser.
3. Sa cousine marche sur le gazon. 4. Elle possède beaucoup de
terres. 5. Il est impossible de faire du mal. 6. Cela nécessite de
l'habileté. 7. Sa façon d'opérer me rappelle beaucoup son père.
8. La série émise par la banque est finie. 9. Elle nous a acheté tous
les échantillons. 10. Nous sommes possesseurs de tout le stock qui
existe sur le marché. 11. Au dessus vous verrez tout ce que vous
voudrez lire de ce sujet.

Exercise 18

SHORT FORMS

important ＿＿＿ : qu'il(s) ＿＿＿ : qu'elle(s) ＿＿＿ : bien ＿＿＿ :
n'a ＿＿＿

Read, copy and transcribe:

1. ＿＿＿＿＿＿＿＿＿＿＿×＿＿＿＿＿＿＿＿

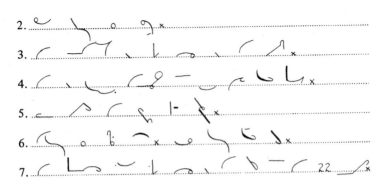

Exercise 19

SHORT FORMS

j'espère .... : nous espérons .... : de nous .... :

de ne .... : mademoiselle .... : mes .... : justement ....

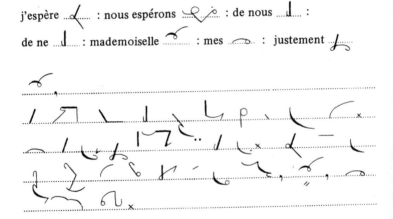

Exercise 20

SHORT FORMS

en réponse .... : à, a .... : février .... :

représentant .... : représenter .... : d'une .... :

d'un ....J.... : avantage/eux ....7.... : mes salutations distinguées ....⌒ℓ.... :

heure ....⌒.... : prie/s/x ....⌐.... : monsieur ....⌐.... : messieurs ....⌐.... :

un ....•.... : une ....••.... : de nous ....J.... : de vous ....⌊....

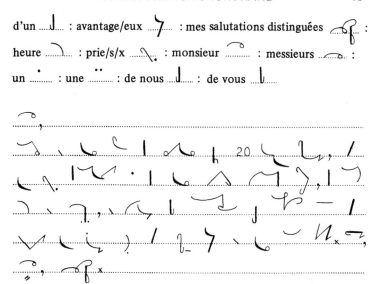

In the following exercises all the Short Forms and Phrases, which are given at the end of the book, have been italicized.

Exercise 21

Messieurs,

Nous vous informons *que nous avons* actuellement en stock *des* coupons dans *les* articles demandés.

Nous vous prions de nous dire si *l'une ou l'autre* de *ces* quali-tés vous *intéresse,* afin *que nous* puissions vous indiquer *nos plus* justes *prix.*

Dans l'attente *de vous* lire, *nous* vous présentons, *Messieurs, nos bien sincères salutations.*

Exercise 22

SHORT FORMS

je ne ....J.... : de vous ....⌊.... : respect ....⋀.... : heureux ....∕.... :

les ⟋ : monsieur ⌒ : satisfaction ⎛ : moi ⌒ :

mes ⌒ : et ⟍ : messieurs ⌒ : quel ⎯ :

quelque ⎯ : l'assurance ⌒ : toutes ⎯⏐⎯

Exercise 23

Write in shorthand:

La Banque d'*A*ngleterre vient *de nous* présenter *à* l'encaissement (en règlement, croyons-nous, de votre facture du 10 mars) *une* traite de £45 tirée *par* vous sans avis préalable.

Nous vous avons pourtant soldé de compte *par* notre chèque anticipé du *mois* dernier *et nous* sommes *très surpris* du peu d'attention de votre service de Caisse.

Nous avons donc dû refuser *le* paiement en priant *la* Banque *de vouloir bien* vous demander de nouvelles *instructions*.

Recevez, *Messieurs, nos salutations empressées.*

Exercise 24

SHORT FORMS

monsieur ⌒ : messieurs ⌒ : nous avons ⎛ :

ces ⟠ : échantillon ⟋ : avantage ⎞ :

avantageuse .... : pour .... : nous .... : bien .... :

de nous .... : de vous .... : important/ce, e .... : prix ....

nos salutations empressées ....

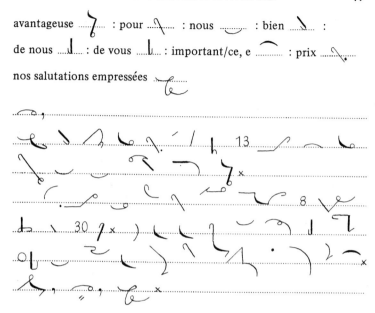

Exercise 25

SHORT FORMS

heureux .... : chez .... : j'espère .... : de vous .... :

et .... : au .... : monsieur .... : a, à .... : voir ....

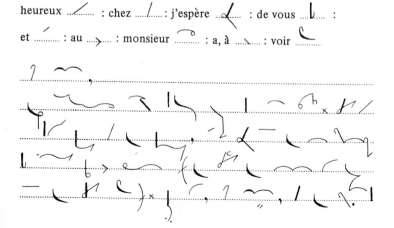

Exercise 26

Write in shorthand:

a)   En règlement de votre facture du 20 *août, nous vous* remettons *ci-inclus* chèque de £77.32 sur la London and Country Bank.

Veuillez *nous* en accuser réception *et nous* retourner votre relevé de compte acquitté.

Recevez, *Messieurs, nos sincères salutations.*

b)   *Nous vous accusons réception* de votre lettre du 12 courant *et* du chèque de £77.32 *qui y* était joint en règlement de notre facture du 20 août dernier *et* pour solde de votre compte.

Nous en passons écritures conformes *et* vous retournons inclus notre relevé acquitté.

Recevez, *Messieurs, nos salutations empressées.*

Exercise 27

Write in shorthand:

Messieurs,

Nous avons bien reçu votre lettre du 20 du *mois* dernier, *et nous vous remercions des renseignements que vous avez bien* voulu *nous y* donner.

Suivant votre conseil, nous vous prions *de bien vouloir,* pour *le* prochain arrivage de l'Ouest, faire établir *un certificat* de manquant, *s'il y a* lieu, *par le* Comité *des* Assureurs Maritimes *de* votre ville *et* veuillez *bien nous* indiquer *par le* prochain courrier établi *par le* Comité *des* Assureurs.

Nous vous remercions à l'avance *et vous prions d'agréer, Messieurs,* l'expressions *de nos* sentiments distingués.

Exercise 28

SHORT FORMS

nous vous remercions ⌣⌣⌣ : nombre ⌣ : nos ⌣ :

un .... : contre .... : y ...l... : quelque .... :

beaucoup .... : d'autres ...h... : nos salutations distinguées ....

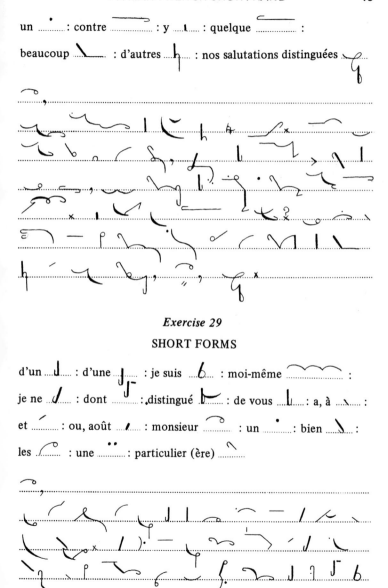

Exercise 29

SHORT FORMS

d'un .... : d'une .... : je suis .... : moi-même .... :

je ne .... : dont .... : distingué .... : de vous .... : a, à .... :

et .... : ou, août .... : monsieur .... : un .... : bien .... :

les .... : une .... : particulier (ère) ....

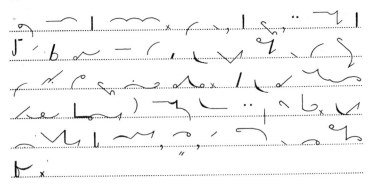

Exercise 30

Write in shorthand:
Messieurs,

    Nous avons l'honneur de vous informer que nous venons d'achever *la* construction *de* notre nouvelle usine, *et que nous* représenterons *dès le mois* prochain *la* fabrication *de nos* manteaux.

    Nous avons installé *nos* ateliers selon *la* technique *la plus* moderne *et nous* pouvons vous assurer *de* l'indiscutable qualité *des* articles *que* nous mettrons sur *le* marché.

    Vous recevrez entre *le* 10 *et le* 15 *novembre la* visite *de* notre *représentant, qui* vous soumettra *nos* tout derniers modèles.

    En attendant la faveur de vos ordres, *nous vous prions d'agréer, Messieurs, nos civilités empressées.*

Exercise 31

SHORT FORMS

en réponse ⌒ : informe/er/ent ⌒ : ci-joint ℓ :

représentation △ : mes ⌒ : pour ⌝ : signature ⌒ :

échantillon(s) / : l'un ⌒ : l'une ⌒ : moi(s) ⌒ :

messieurs ⌒ : mes salutations distinguées ⌒

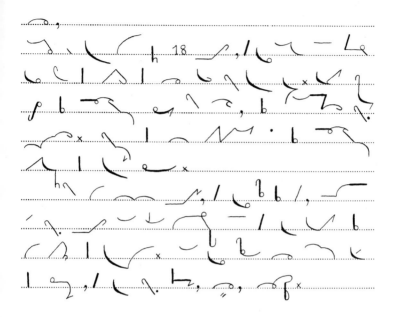

Exercise 32

Write in shorthand:
Messieurs,

    Pour faire *des* calculs, *nous avons* besoin de connaître *les* tarifs de transport *par* train complet *et* wagon isolé applicables *aux* expéditions de ferrailles en trafic direct de Luxembourg sur l'Italie *et,* en *particulier,* sur *les* gares de M—— *et* de V——.

    Nous vous prions de nous faire connaître *ces* tarifs, en nous *renseignant* en même temps sur *les* distances.

    Avec *nos remerciements* anticipés, *veuillez agréer, Messieurs,* l'expression de *nos* sentiments *distingués.*

Exercise 33

SHORT FORMS

dont ⌇ : quel, qu'elle ⌣ : a, à ⌐ : au, aux ⌐ : mes

salutations distinguées ⌐ : un · : une ·· : que — :

mes salutations empressées ⌇⌇⌇ :   en effet ⌇⌇⌇ :

intéressante ⌇⌇⌇

Exercise 34

Write in shorthand:
Monsieur,

Dès le reçu de votre lettre *j'ai* écrit *à* mon cousin.

Il vous recevra le samedi 29 courant *à* 5 *heures, et j'espère que*
vous bénéficiérez *d'un* tarif *auquel* votre seule qualité d'ancien
combattant vous donnait déjà droit.

Mon *principal* mérite *a* été *de vous* faire obtenir ce rendez-vous,
car la sûreté de diagnostic et le succès *des* cures opérées *par* le pro-
fesseur lui ont valu *un tel* renom *qu'il* lui *est* absolument *impossible*
de satisfaire à *toutes les* demandes de consultation *qu'il* reçoit.

Avec *nos* voeux *les plus* sincères *pour* votre complète guérison,
veuillez recevoir, *cher Monsieur, nos* souvenirs les meilleurs.

Exercise 35

Write in shorthand:
Madame,

Nous avons l'honeur de vous informer qu'en raison de
l'*impossibilité* matérielle d'agrandir *nos* locaux, nous venons d'établir
une succursale rue de Rivoli, à proximité *de la* gare Saint-Lazare.

Nos clients *de la* rive droite et ceux *de la* banlieue ouest de Paris gagneront ainsi *un* temps appréciable en faisant *leurs achats* dans *ces* nouveaux magasins, *où* ils trouveront *aux* mêmes *prix avantageux les* articles irréprochables *qui* font le succès de notre Maison.

En vous remerciant de la confiance *que vous avez bien* voulu nous témoigner jusqu'ici, *nous vous prions d'agréer,* Madame, *nos respectueuses salutations.*

Exercise 36

Write in shorthand:
Messieurs,

Permettez-nous *de vous* présenter *nos* voeux *les plus* sincères *pour* la nouvelle année. C'est *pour nous* l'occasion *de vous remercier une* fois de *plus* de tous *les* services *que* vous *nous* avez rendus. Nous voudrions pouvoir *nous* en acquitter autrement *que par des* voeux *et des* prières, et *nous vous prions de bien vouloir* être assurés du moins *que nous* serons *toujours* prêts à vous témoigner notre gratitude.

Nous vous souhaitons la santé et le bonheur pour vous et pour *vos* familles, *et le* succès dans *vos nombreuses* entreprises.

Nous vous prions d'agréer, Messieurs, l'expression de *nos* sentiments respectueux *et* reconnaissants.

Exercise 37

SHORT FORMS

je suis ⟋ : heureuse ⟋ : heureux ⟋ : bien ⟍ : pour ⟍ : moi(s) ⁀ : et ⟋ : a, à ⟍ : remercier ⟋

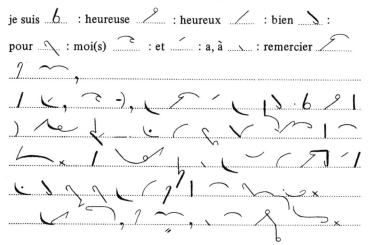

Exercise 38

Write in shorthand:

Vous êtes vraiment *bien* gentils, *mes chers* amis, d'avoir pensé à *nous* dans vos projets de réception d'été. Nous serons enchantés d'aller passer *auprès de vous quelques jours* comme vous *nous* le suggérez, car *nous* n'avons encore rien envisagé jusqu'ici comme déplacements de vacances.

Nous pourrions donc arriver le 2 *août: nous vous* fixerons *au* dernier moment *l'heure* du train choisi. *Bien* entendu, si finalement *vos* projets se modifient *et que* notre venue *soit* pour vous *un* dérangement, n'hésitez pas à nous remettre *ou* à nous décommander.

A bientôt *j'espère*, chers amis, et croyez à *toute* notre fidèle affection.

Exercise 39

SHORT FORMS

nous .... : en ce que .... : en ce qui concerne .... :

nous ne .... : monsieur .... : en réponse .... : et .... :

intéresse .... : de ne .... : veuillez agréer .... : nos salu-

tations empressees .... : télégraphique ....

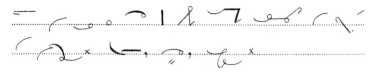

Exercise 40

Write in shorthand:
Monsieur,

Je vous *informe que mes* expéditions de raisins touchent à *leur* fin *et j'ai* décidé de changer, *pour* le peu *qui* me reste, le mode d'expédition *que j'ai* adopté jusqu'ici.

Je vous ferai dorénavant *les* envois en caissettes, espérant ainsi *que la marchandise* sera présentée dans des conditions plus favorables à la vente.

Vous voudrez *bien* me *faire savoir* si l'emballage vous convient *et* si l'expédition vous est parvenue en bon état.

Je dispose *d'une* certaine quantité de raisins de choix *que* je vais essayer de conserver jusqu'a Noël; je vous en ferai l'envoi à cette époque.

Veuillez agréer, Monsieur, mes salutations empressées.

Exercise 41

SHORT FORMS

peut-être _____ : qu'elle, quelle, quel _____ : ci-dessus _____ :

mes salutations _____ : juillet _____ : soit _____ :

monsieur _____

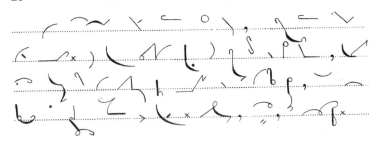

Exercise 42

Write in shorthand:

Monsieur,

　　En possession de votre lettre du 23 courant, *nous avons le* regret *de vous informer qu'il nous est impossible* de livrer *nos* velours *au prix que* vous fixez. *Nous ne* fabriquons *que des* tissus de première qualité *et* notre *prix* le *plus* bas *est* 20 francs le mètre.

　　Nous vous expédions *par* le même courrier *des échantillons* de *nos* divers articles *et* créations, et *nous espérons* qu'après avoir comparé *nos échantillons* avec *d'autres* tissus vous *nous* passerez *une* commande.

　　Dans l'attente de *vos* ordres, *nous vous prions d'agréer, Monsieur, nos salutations empressées.*

Exercise 43

SHORT FORMS

j'ai l'honneur ⟋ : informe(er) ⌒ : probable(ment) ⟍ :
délivrer ⟨ : docteur ⟩ : membre ⟍ : quelque ⟨ :
a, à ⟍ : monsieur ⌒ : d'une ⌡ : ınes ⌒ : délivré ⟨

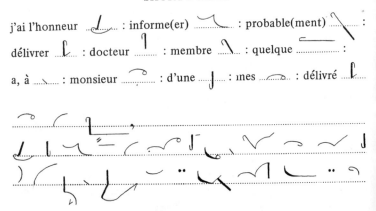

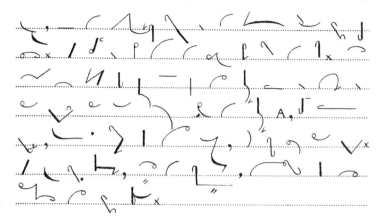

Exercise 44

Write in shorthand:
Messieurs,

 Nous avons bien reçu votre lettre du 24 mai *et nous* sommes au regret *de ne* pouvoir noter l'ordre *qu'elle* contenait.

 Notre offre du 3 avril était sans engagement *et, les* cours ayant considérablement haussé depuis cette date, *nous nous* voyons obligés *de vous* demander maintenant 67p. le *yard.*

 Toutefois, pour vous prouver combien nous désirons vous satisfaire *et* pouvant disposer encore *d'un* petit lot acheté *aux prix* précédents, nous partagerons avec vous *la différence et* noterons votre marché *à* 60p. *le yard,* sur confirmation avant le 20 *de ce mois.*

 Dans l'attente *de vous* lire *et* avec l'espoir *de vous* être agréables, *nous vous prions d'agréer, Messieurs, nos bien sincères salutations.*

Exercise 45

Write in shorthand:
 Chère Thérèse,

 Ma soeur *a le plus* grand désir *de vous* voir *et,* si elle peut se *le* permettre, *de vous* poser *quelques* questions. Elle voudrait vous demander conseil, car elle vous sait *plus que tout* autre compétente en *la* matière. Je vous serais moi-même *très* reconnaissant *de bien vouloir un* peu éclairer sa lanterne. *Le plus* simple serait *que* vous veniez déjeuner avec *nous le* jour *qui* vous conviendra; *cela* vous fera perdre moins *de* votre temps, *et nous* aurons, *par la* même occasion, *le* plaisir trop rare de passer *un* moment avec vous.

Je vous envoie, ma *chère* Thérèse, l'assurance *de mes* sentiments *très* cordiaux.

Exercise 46

SHORT FORMS

honorée ‿‿‿ : et ‿‿‿ : d'une ‿‿‿ : a, à ‿‿‿ : toutefois ‿‿‿ :

est ‿‿‿ : au, aux ‿‿‿ : différence (d) t ‿‿‿ : un ‿‿‿ :

une ‿‿‿ : messieurs ‿‿‿ : monsieur ‿‿‿ : veuillez

agréer ‿‿‿ : nos salutations empressées ‿‿‿ : nous vous

accusons réception ‿‿‿ : vous savez ‿‿‿

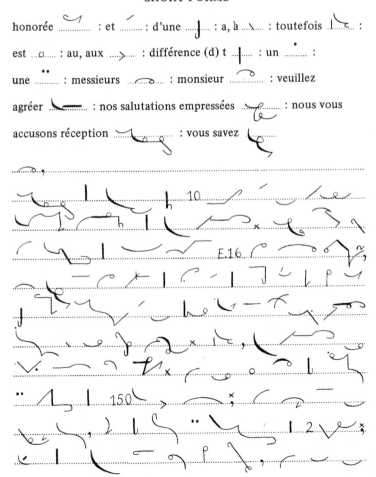

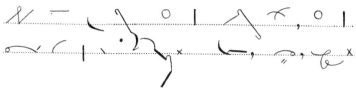

Exercise 47

Write in shorthand:
Messieurs,

Comme suite *à* votre demande *de* tissus, *nous vous* informons *qu'aucun* ordre ne pourra être accepté si *au* préalable vous n'avez pas obtenu l'accord *d'un* fournisseur *capable de vous délivrer une* quantité déterminée *de* cet article. Dans ce cas, vous devrez faire *une* demande *de* bons *d'achat* en *nous* donnant *les renseignements ci-dessous pour la* quantité *que le* fournisseur peut mettre *à* votre *disposition;* Désignation exacte du tissu, quantité du tissu demandé consommée l'année précédente, *largeur et* poids *au* mètre carré, utilisation précise, besoin immédiat *et* disponible chez *le* fournisseur, nom *et* adresse *de* ce dernier. *Les* demandes doivent *nous parvenir* avant le 25 *de ce mois pour le mois* suivant.

Veuillez agréer, Messieurs, nos sentiments distingués.

Exercise 48

SHORT FORMS

monsieur .... : messieurs .... : cependant .... :

jour .... : mathématique .... : ses, ces .... : ou, où,

août .... : ce, ceux .... : quel (le, s) .... : fois .... :

bien .... : par .... : pour .... : des .... : qu'il(s) .... :

part .... : distingué .... : je suis .... :

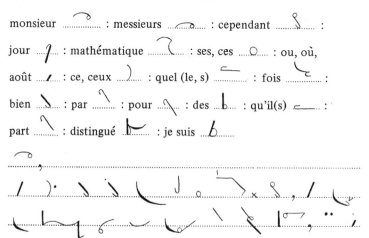

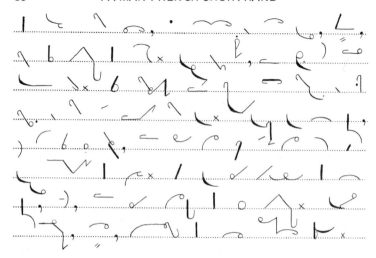

Exercise 49

Messieurs,

    Nous vous remercions de l'aimable acceuil *que vous avez bien* voulu réserver *à* notre collaborateur, *Monsieur* Bertrand, *et nous avons* l'honneur de vous confirmer, *par* devis séparé, *les* propositions *qu'il* vous *a* faites *pour la* fourniture *de* notre *marchandise. En ce qui con-cerne le* délai *de* livraison, *nous espérons* pouvoir sortir *la* prochaine série *de nos* machines en octobre prochain.

    Ce délai vous *est* indiqué sans *aucun* engagement *de* notre *part.*

    Dans l'espoir *que nos* propositions seront *à* votre convenance *et nous* permettront d'être honorés *de vos* ordres, *nous vous prions* d'agréer, *Messieurs,* l'expression *de nos* sentiments distingués.

Exercise 50

Write in shorthand:
Monsieur,

    Nous nous autorisons *de nos* anciennes *et* bonnes relations *pour* vous demander tous *renseignements* utiles concernant *la* maison *dont* vous trouverez *le* nom sur *la* fiche *ci-jointe.*

    Avant d'exécuter *une* première commande, *nous* désirerions connaître l'*importance de* ladite maison, *les* garanties *qu'elle* peut offrir, *la* réputation du commerçant. Il s'agit *en effet pour nous de* savoir si nous pouvons sans *aucun* souci, *lui* accorder *un* premier crédit *de* dix mille francs. *Nous vous* assurons *à* l'avance de *toute* notre discrétion et de notre reconnaissance.

Nous vous prions d'agréer, Monsieur, avec *nos remerciements* anticipés, l'expression de *nos* sentiments *très* cordiaux *et* dévoués.

Exercise 51

SHORT FORMS

bien ⟍ : qui ⎯⎯ : ce que ⌒ : ces, ses ◯ :

de la Ⅰ : tout-à-fait ⟍ : des ᖯ : monsieur ⌒ :

et ⁄ : entrer ⌒ : remercie(r) ⌒ :

renseignement(s) ⌒ : de vouloir bien ⅄

Exercise 52

SHORT FORMS

les 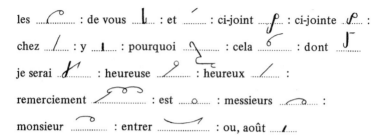 : de vous : et : ci-joint : ci-jointe :

chez : y : pourquoi : cela : dont

je serai : heureuse : heureux :

remerciement : est : messieurs :

monsieur : entrer : ou, août

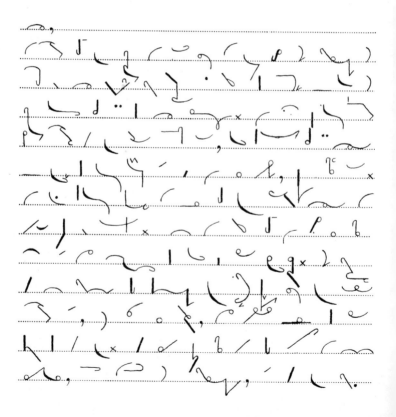

Exercise 53

Write in shorthand:
Monsieur le Directeur,
　　Je vous accuse réception du *numéro* 10 de votre catalogue réservé *à la* foire *commerciale de* Lyon.
　　En parcourant ce catalogue, mon attention *a* été retenue *par la part importante que* vous réservez *à la publicité et par* l'originalité *de* sa présentation. Seriez-vous assez aimable pour me communiquer *les* tarifs actuellement en vigueur ? Je désirerais *en effet, que* vous me réserviez deux pages complètes *et deux* demi-pages.
　　J'avais envisagé plusieurs annonces en couleur, estimant *que cela* constitue *une* chance de succès supplémentaire. Pourriez-vous me renseigner sur *les* possibilités *d'un* clichage en *deux ou* trois couleurs?
　　Dans l'attente *de vous* lire, je vous *prie de* croire, *Monsieur le* Directeur, *à* l'assurance *de mes* sentiments très distingués.

Exercise 54

Write in shorthand:
Madame,
　　Si *nous nous* permettons *aujourd'hui de vous* écrire, c'est *que nous* croyons sincèrement *que* vous pouvez être *intéressée par les* modèles de notre fabrication et *que nous* sommes persuadés *que* vous ne pourrez trouver *ailleurs une* qualité aussi *remarquable à des prix* défiant *toute* concurrence! Chambres à coucher, salles à manger, en tous bois et en tous genres, attendent votre visite.
　　Nous n'avons *que ce qui* se fait de mieux et *les* milliers de références *que nous* tenons *à* votre *disposition,* sont pour nous la *plus* précieuse *des publicités.*
　　Nous espérons, qu'après avoir consulté notre catalogue *ci-joint,* vous *nous* honorerez prochainement de votre visite et, c'est dans cet espoir, *que nous vous prions d'agréer,* Madame, l'expression de *nos* sentiments très respectueux.

Exercise 55

SHORT FORMS

leur ⌒ : en conséquence ⌒ : ci-joint ∫ : mes ⌒ :

remerciement ⌒ : j'ai l'honneur ∫ : auprès ↘ :

difficile ∫ : d'agréez(r) ⌐ : circonstance(s) ∫ :

par ↘ : août, ou, où ∕ : heure ⌐ : heureux ⌐

USEFUL PHRASES

ce sera		j'ai le plaisir	
ce serait		je m'empresse	
ce sont		je prends la liberté	
chemin de fer		je suis certain	
en ce qui concerne		je suis heureux	
en possession de v. estimée		lundi prochain	
en possession de v. honorée		l'un ou l'autre	
en possession de v. lettre		l'une ou l'autre	
en réponse		mes civilités empressees	
en réponse à v. lettre		mes salutations empressées	
FAIRE faire savoir		nos bien sinceres salutations	
de nous faire savoir		nos respectueuses salutations	
de vous faire savoir		nos salutations distinguées	
faire parvenir		nos salutations empressées	
Grande Bretagne		nos sincères salutations	
il faut être		nous avons bien reçu	
j'ai l'honneur			

nous avons l'honneur

quoi que ce soit

nous avons le plaisir

si possible

nous avons reçu

si vous

nous espérons

s'intéresse

nous vous accusons réception

tout ce que

de vous accuser réception

tout ce qui

nous vous prions de

veuillez agréer nos salutations empressées

nous vous prions d'agréer

votre dévoué

en vous remerciant

votre honorée

nous vous remercions

vouloir

par retour du courrier

de bien vouloir

de plus en plus

de vouloir bien

vous avez

vous savez

ALPHABETICAL LIST OF SHORT FORMS

A

a, à	...........\\...........
accord	
d'accord	
acheteur	
administration	
ailleurs	
ait, aient, eh	.
alors	
Anglais, Angleterre	
août	
appointement	
après	
assurance	
au, aux	
au bord	
aujourd'hui	
auprès	
auquel, auxquels, auxquelles	

aucun	
aucune	
qu'aucun	
qu'aucune	
aura-t-il	
avantage (eux)	
avantageuse	
avez-vous	
autour	
d'autres	

B

balance	
bien	
bien que	

C

capable	
car	
caractère	
cela	

celle		**D**	
celle-là		d'accord	
celui		danger	
cependant		de	
certificat		de la	
ce que		de mieux en mieux	
ce qui		des	
ces, ses		description	
ce sera		de nous	
ce serait		de vous	
c'est à dire		différent (d-ce)	
cher		difficile	
chez		difficulté	
ci-dessous		distingué	
ci-dessus		docteur	
ci-joint		dollar	
ci-jointe		dont	
circonstance		du, dû	
dans ces circon-stances		d'un	
commerciale, commerce		d'une	
commerçant		durant	

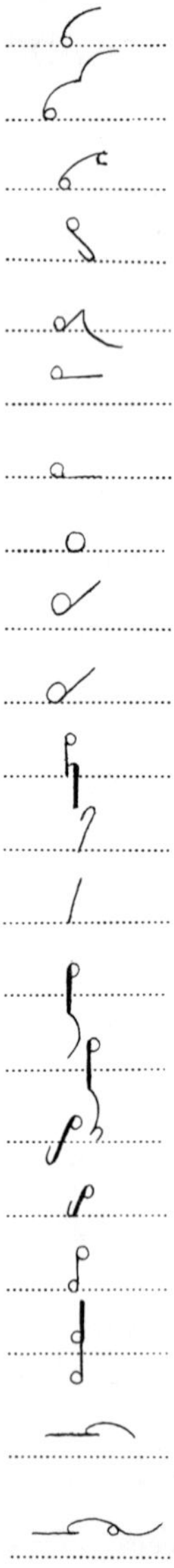

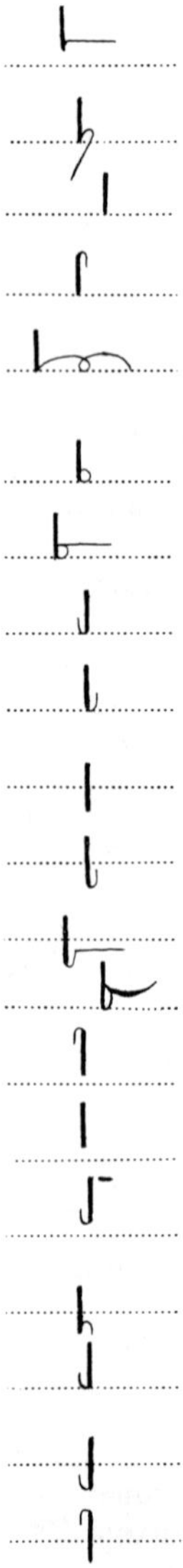

E

eau, eaux	
échantillon	
école	
égal (ité, ment)	
eh	
électricité	
électrique	
empressée (s)	
en avant	
en ce qui	
en conséquence	
ennui	
en effet	
enthousiasme	
ESPERER j'espère	
nous espérons	
est	
et	
être	
d'être	

eu	
eux	
exécutif (ve)	
extraordinaire	
extrêmement	

F

faut-il	
février	
financier	
fois	
fort	
forte	
France, français	
française	
furent	

G

général	
généralisation	
gouverne, gouverner	
gouvernement	
gouverneur	

grand		immédiat (e-ment)	
grande		important (e-ce)	
		impossible	
H		inconvénient	
habitude	or	indépendant (e-ce)	
habituer	or		
heure		indispensable	
heureuse		indifférent	
heureux		individu	
hier		influence	
honneur		influencé	
j'ai l'honneur		information	
nous avons l'honneur		informe (é, er)	
huit		inscription	
honorée		inscrire	
votre honorée		inspection	
		instructif (ve)	
I		instruction	
il n'y a		intelligence	
il n'y avait		intelligent	
il y a		intelligente	
il y aura		intéressant	

intéressante		juillet	
intéresse		juin	
intéressé		jurisdiction	
intérêt		jusqu'au	
inventaire		justification	
investir		**L**	
inutile		la	
irrégulier (ère)		langue, langage	
irresponsable		large	
		largement	
J		largeur	
j'ai		l'auteur, l'autre	
janvier		le	
je		législatif (ve)	
je ne		législature	
je suis		les	
j'y		lettre	
j'espère		leur	
je ne suis pas		liberté	
je serai		lieu	
je serais		l'un	
jour		l'une	

M

malheur (eux)	
malheureuse (ment)	
manufacture (ier)	
mars	
mathématiques	
matière	
maximum	
membre	
messieurs	
mieux	
minimum	
moi, mois	
de ce mois	
monsieur	

N

n'a	
ne	
néglige (er)	
négligence	
nombre/numéro	

nombreuse	
non	
nous	
nous avons	
nous vous	
nous ne	
nous nous	
novembre	
nous espérons	
nous vous accusons réception	

O

objet	
objectif (ve)	
objection	
offrir	
oh	
ont	
opinion	
opportunité	
ordinaire	
organisation	

organe/organise/er		prie, pris, prix	
ou, où		principe (al)	
oui		probable (ilité)	
outre		propriétaire	
en outre		prospect	
		public/publier/ publique	
P		publication	
par, part		publicité	
particulier (ière)			
parvenir		**Q**	
passager			
perspectif (ve)		qu'à	
peuple		que	
peut-être		ce que	
plupart		que je suis	
plus		quel (le) — qu'elle(s)	
point de vue		quelconque	
pour		quelque	
pourque		quelquechose	
pourquoi		qu'est ce que	
préjudice (iable)		qui	
prévenir		ce qui	

quiconque	
qu'il(s)	
quoi	

R

rapport	
régulier (ière)	
remarquable	
remarque (r)	
remarquons	
remercions, remerciant	
remercie, remercier	
remerciement	
renouvellement	
renseigner (ments)	
représentant	
représentation	
représente/er	
respect	
respectif (ve)	
responsable (ilité)	

S

salutations	
mes salutations empressées	
nos respectueuses salutations	
nos salutations empressées	
satisfaisant	
satisfaisante	
satisfaction	
sensible	
sera	
serait	
ses	
signature	
significatif (ve)	
signifiance	
signifier	
s'il	
s'il y a	
situation	
soi (s, t)	

soi-disant		tout de suite	
s'offrir		tout le monde	
sous		transaction	
soyez		transfert (transférer)	
spécial		très	
suis		trop	
suis-je			
sujet		**U**	
de ce sujet		un	
surpris		une	
suspect		d'un	
sympathique		d'une	
		unanime	
T		uniforme	
tard		univers	
tel (le)		universel	
télégramme		université	
télégraphique		usuel	
téléphone		**V**	
tout-à-fait		valuation	
toute (s)		veuillez agréer	
toutefois		voir	

				Y
vous				
vous avez		y		
vous savez		yard		
vous vous		y-a-t-il		
vers				

KEY

Exercise 1

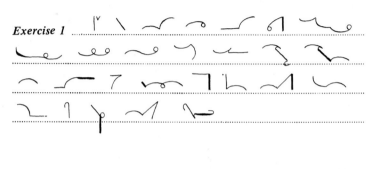

Exercise 2

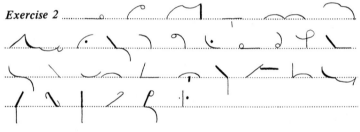

Exercise 3

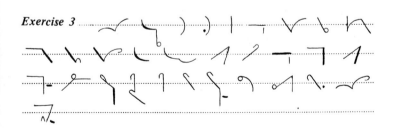

Exercise 4

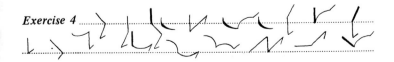

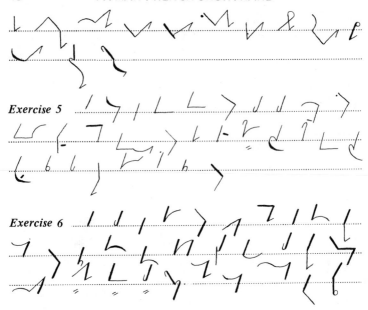

Exercise 7   renseigne, ingorance, signal, gagner, Guignol, signe, baigner, cognac, cigogne.

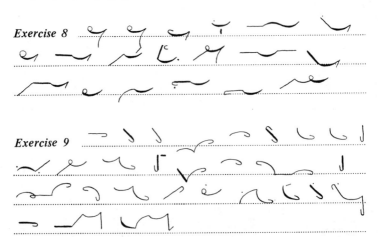

Exercise 10   situé, bibliotèque, pied, bestiaire, arrière, cruauté, louable, louange, mécréance, entièrement, gardien, prosaique, requiem, siècle, essentiel, société, atelier, prions, matériel, première.

Exercise 11

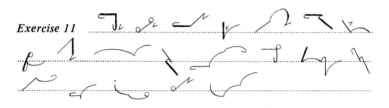

Exercise 12   capteur, futur, secteur, timbre, sombre, signature, prendre, votre, nature, générateur, lettre, naturel, entrepôt, porteur, mettre, promettre, opérateur, rendre, protecteur, directeur.

Exercise 13

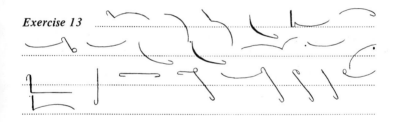

Exercise 14   1. Aujourd'hui je vais chez ma mère. 2. Elle est venue m'apporter un cadeau. 3. Le bateau est au port. 4. La ville est belle. 5. Tout n'est pas fini. 6. Avec ma mère. 7. Je suis très heureux. 8. Sa pomme n'est pas mûre. 9. Comment savez-vous la réponse à la question? 10. Les visiteurs sont venus de bonne heure.

Exercise 15   1.

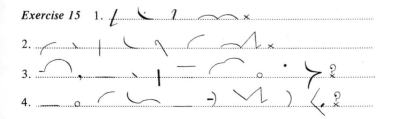

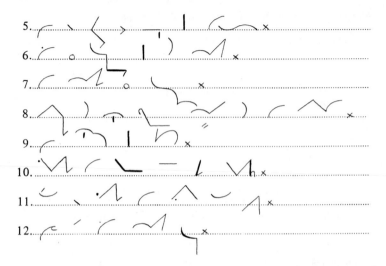

Exercise 16   1. Il est impossible de le faire.   2. Aujourd'hui elle veut visiter sa mère.   3. Ci-dessous vous verrez ce que nous disons au sujet de la plume que vous avez achetée.   4. Revenez vite pourque vous trouviez les choses de nouveau.   5. Avez-vous été au bord de la mer?

Exercise 17   1.

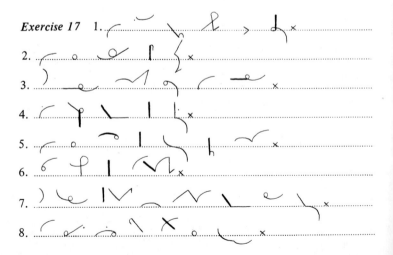

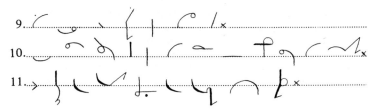

Exercise 18   1. Mon frère est tres souffrant. 2. Son père est sourd.
3. Le colonel a été mis à la retraite. 4. Elle a fini l'exercice que nous
lui avons donné. 5. Qu'il réponde le plus tôt possible. 6. L'affaire
est très importante. Nos affaires vont bien. 7. Le document n'a été
mis à la poste que le 22 courant.

Exercise 19   Mademoiselle, Je regrette beaucoup de ne pouvoir
donner suite à votre lettre. Mais je viens justement d'engager une
jeune fille. J'espère que vous trouverez prochainement la place désirée
et vous envoie, Mademoiselle, mes meilleures salutations.

Exercise 20   Monsieur, En réponse à vos offres de service du 20
février dernier, je vous prie d'envoyer un de vos représentants lundi
prochain, de onze heures à midi, à l'effet de vous entretenir d'une
installation que je pourrai vous confier si je trouve avantage à vous
en charger. Agréez, Monsieur, mes salutations distinguées.

Exercise 21

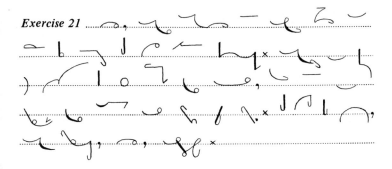

Exercise 22 Monsieur, Je ne veux pas laisser passer cette occasion de vous exprimer mon attachement et le souvenir reconnaissant que je garde de vos bontés pour moi. Si mes voeux pouvaient avoir quelque pouvoir, j'en serais profondément heureux car je voudrais, pour vous et votre famille, toutes les satisfactions. Permettez-moi, Monsieur, de vous renouveler l'assurance de mes sentiments fidèles et respectueux.

Exercise 23

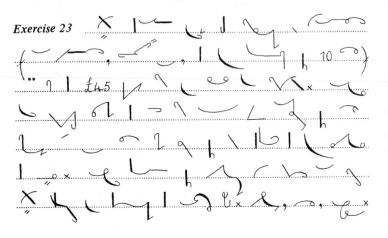

Exercise 24 Messieurs, Nous avons bien reçu vos prix et échantillons du 13 courant mais vos propositions ne nous semblent guère avantageuses. La concurrence nous offre pour articles équivalents 8 pour cent d'escompte à 30 jours. Si vous vous trouvez en mesure de nous accorder ces conditions nous comptons vous passer par retour un ordre assez important. Recevez, Messieurs, nos salutations empressées.

Exercise 25 Chère Madame, Vous êtes infiniment aimable d'avoir pitié de ma solitude. Je serai heureux d'aller dîner chez vous dimanche, et j'espère que vous me permettrez de vous emmener tous au cinéma (vous choisirez vous-même le film que vous désirez voir). D'ici là, chère Madame, je vous prie de faire mes amitiés à Monsieur Jacques et à vos enfants et d'agréer mes hommages respectueux.

Exercise 26 a)

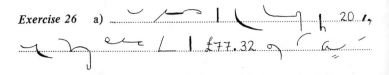

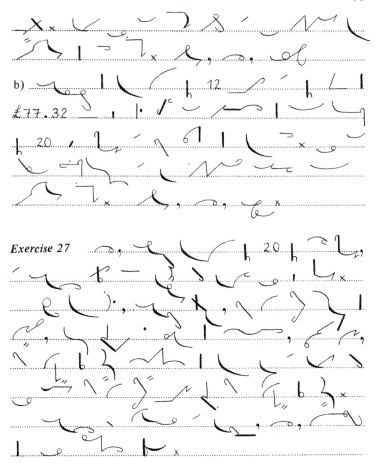

b) ... £77.32 ... 12 ... 20 ...

Exercise 27 ... 20 ...

Exercise 28   Monsieur, Nous vous remercions infiniment de votre commande du 4 courant. Comme nous n'avons pas eu le plaisir, jusqu'ici de vous compter au nombre de nos clients, nous nous permettrons de vous expédier un premier envoi contre remboursement. Y voyez-vous quelque inconvénient ? Nous aimons à croire que cette première affaire sera le prélude de beaucoup d'autres et nous vous présentons, Monsieur, nos salutations distinguées.

Exercise 29 Monsieur, Vous allez recevoir la visite d'un de mes amis
que je recommande à votre bienveillance. Je sais que vous êtes forte-
ment occupé et je ne veux pas contribuer à cet accablement s'il ne
s'agissait vraiment d'un être dont je suis sûr comme de moi-même.
Il a, de plus, une quantité de dons et je suis certain que là où vous
pourrez songer à le placer il rendra les plus éminents services. Je vous
serais infiniment reconnaissant d'examiner sa candidature avec une
toute particulière attention. Veuillez me pardonner de vous import-
uner, Monsieur, et croire à mes sentiments distingués.

Exercise 30

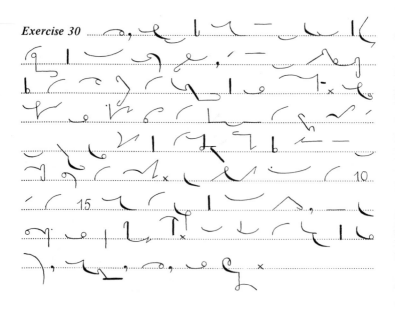

Exercise 31 Messieurs, En réponse à votre lettre du 18 courant, je
vous informe que j'accepte vos offres de représentation de mes vins
pour votre ville. Veuillez trouver ci-joint des exemplaires signés par
moi, des engagements pris mutuellement. Prière de me retourner un
des exemplaires revêtu de votre signature. Par le même courrier, je
vous adresse des échantillons, catalogues et prix courants en attend-
ant l'expédition que je vous ferai dès le reçu de votre lettre. En vous
adressant mes meilleurs voeux de succès, je vous prie d'agréer,
Messieurs, mes salutations distinguées.

Exercise 32

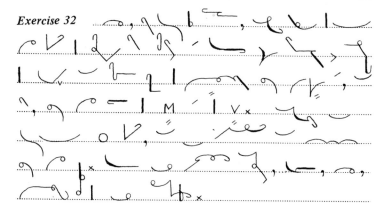

Exercise 33   Madame, La personne dont vous me parliez dans votre lettre a fait, en effet, travailler mes enfants tout un hiver. Je la connais peu et ne saurais vous donner sur elle des détails bien précis. Elle m'a semblé sérieuse et pleine de bonne volonté, mais elle manque un peu d'autorité sur les enfants. Je sais que sa famille est intéressante et qu'elle a besoin de l'aider matériellement. Veuillez recevoir, Madame, mes salutations distinguées.

Exercise 34

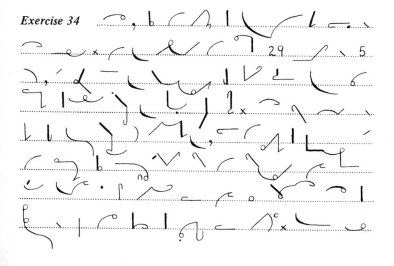

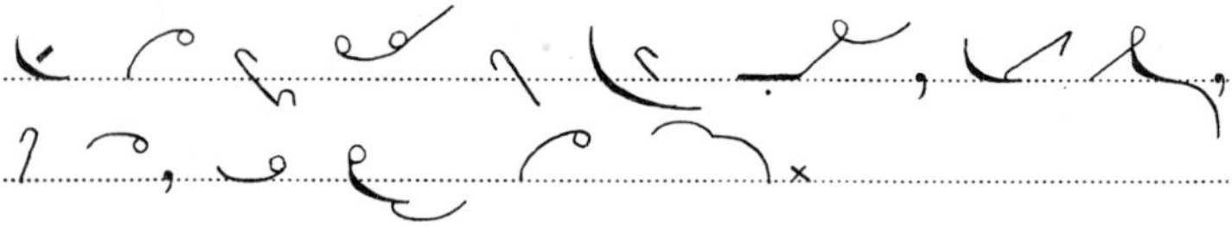

Exercise 35

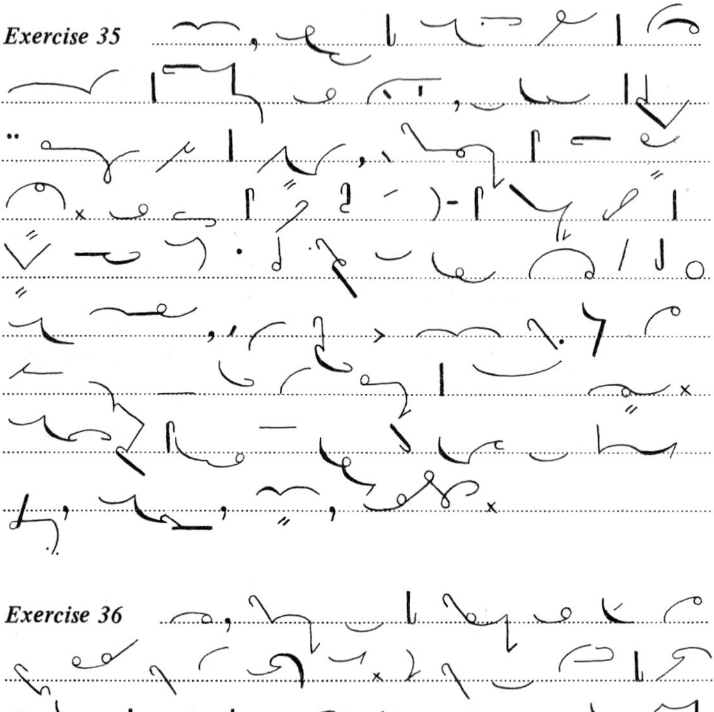

Exercise 36

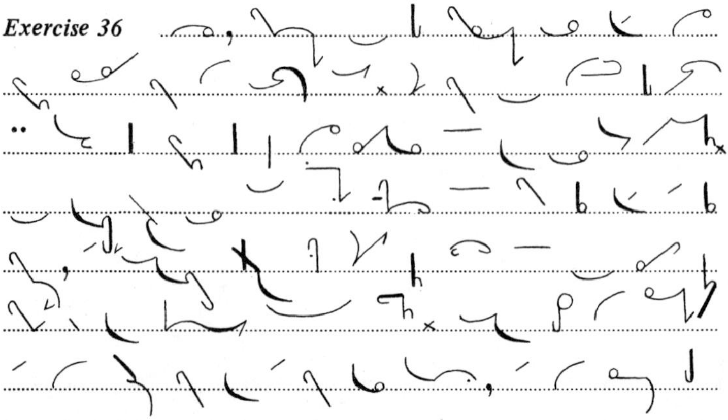

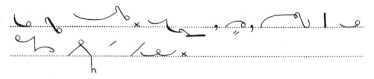

Exercise 37 Chère Madame, Je veux, moi aussi, vous remercier et vous dire combien je suis heureuse de ce ravissant tableau qui fait le plus bel ornement de ma chambre. Je penserai toujours à vous en le regardant et je vais bien prier pour vous le jour de ma première communion. Veuillez croire, chère Madame, à ma respectueuse affection.

Exercise 38

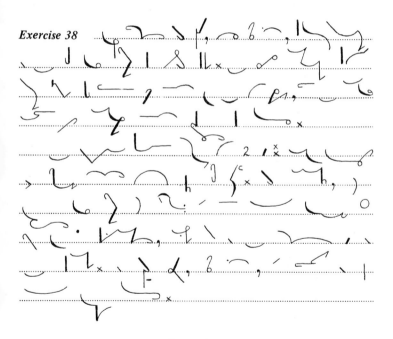

Exercise 39 Messieurs, En réponse à votre proposition du 24 du mois dernier, nous regrettons vivement de ne pouvoir enregistrer votre ordre au prix que vous indiquez et qui nous met en perte. Nous vous avons immédiatement coté notre dernière limite: les lins se trouvent en hausse et, comme nous avons de gros marchés à exécuter, nous

ne pouvons que vous conseiller de confirmer télégraphiquement votre commande si notre offre vous intéresse, car il nous est impossible de rester engagés en ce qui concerne le prix et la livraison. Veuillez agréer, Messieurs, nos salutations empressées.

Exercise 40

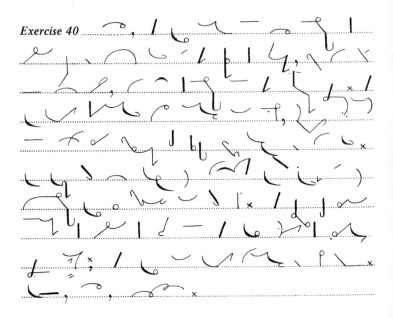

Exercise 41 Monsieur, Je compte arriver à Lyon, jeudi, le 21 juillet assez tard dans la soirée, peut-être par le train qui, venant de Paris, atteint Lyon à 2h. 55 et je vous serais obligé de me réserver une chambre pour une personne à des prix modiques. Il m'importe peu qu'elle soit petite, pourvu qu'elle apporte l'eau courante, Si votre hôtel devait se trouver plein à cette époque, veuillez m'en aviser par le retour du courrier à l'adresse ci-dessus, en me désignant un établissement analogue au vôtre. Recevez, Monsieur, mes salutations distinguées.

Exercise 42

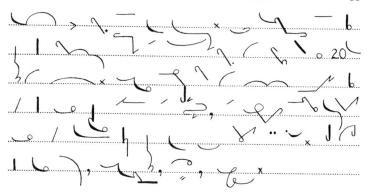

Exercise 43   Monsieur le Directeur, J'ai l'honneur de vous informer que le malaise dont vous a parlé mon mari dans sa lettre d'hier a dégénéré en une véritable maladie avec une forte fièvre, qui le retiendra probablement à la chambre pendant plus d'une semaine. Je joins à cette lettre le certificat délivré par le docteur. Mon mari me charge de vous dire que tous les dossiers qu'il a laissés à son bureau sont en ordre sauf le dossier A dont quelques pièces, avec un project de lettres inachevées, se trouvent sur son bureau. Je vous prie d'agréer, Monsieur le Directeur, l'expression de mes sentiments les plus distingués.

Exercise 44

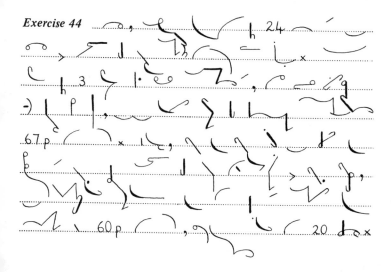

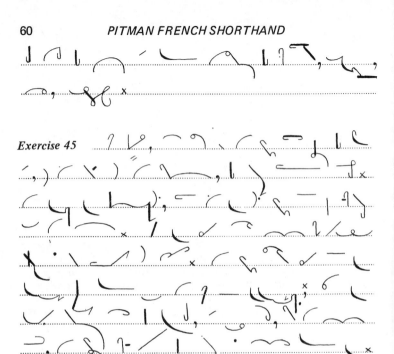

Exercise 45

Exercise 46 Messieurs, Nous vous accusons réception de votre honorée du 10 courant et nous reconnaissons volontiers l'exactitude de
votre réclamation. Nous avons employé pour la fabrication de notre
marque E.16 les matières habituelles, mais vous savez que les récoltes
de lin et de coton ont été cette année d'une qualité inférieure et nous
devons avouer que la marchandise n'est pas rigoureusement conforme
à nos précédentes livraisons. Toutefois, votre réclamation nous appa-
raît comme fort exagérée. Il nous est impossible de vous consentir une
réduction de fr. 150 au mètre; le mieux que nous puissions faire,
c'est de vous offrir une bonification de 2 pour cent; faute de votre
accord sur cette proposition, il ne nous restera qu'à vous proposer
soit de reprendre la marchandise, soit de soumettre le différend à un
arbitrage. Veuillez agréer, Messieurs, nos salutations empressées.

Exercise 47

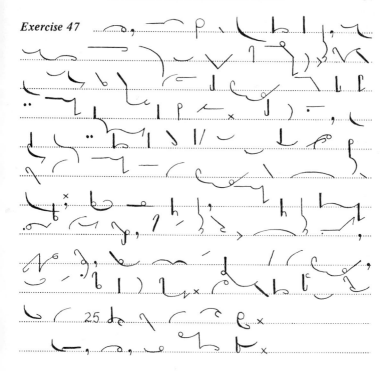

Exercise 48 Monsieur, Je sais bien combien votre temps est occupé. Cependant, je viens vous demander s'il ne vous sera pas possible de consacrer, une ou deux fois par semaine, un moment à mon fils, Jacques, pour des répétitions de mathémathiques. Vous avez pu constater, qu'il suivait sa classe avec peine. Je suis persuadé qu'il trouvera grand profit à être pris à part et éclairé par vous. Voudriez-vous me dire, si la chose est possible, quels sont les jours et les heures où vous vous occuperiez de lui. Je vous serais reconnaissant de me dire, aussi, quelles seraient les conditions de ces répétitions. Veuillez accepter, Monsieur, l'expression de mes sentiments distingués.

Exercise 49

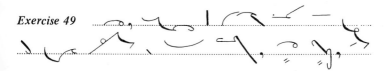

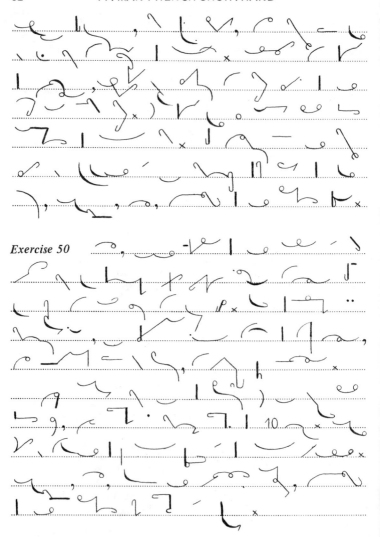

Exercise 50

Exercise 51   Monsieur, Je vous serais obligé de vouloir bien me fournir des renseignements sur le nommé, Pierre Jardin, actuellement à
votre service, et de qui je viens de recevoir une demande pour entrer

au mien. Je vous serais reconnaissant de me dire ce que vous pensez
de cet homme, de ses aptitudes au travail de la ferme, de sa moralité.
Je vous remercie à l'avance des renseignements que vous voudrez
bien me fournir et qui resteront, je vous en donne l'assurance formelle,
tout-à-fait confidentiels. Agréez, Monsieur, l'assurance de mes sentiments distingués.

Exercise 52 Messieurs, L'employé dont vous trouverez le nom sur
la fiche ci-jointe s'est présenté ce matin à mes bureaux pour obtenir
un poste de caissier qui va se trouver vacant dans une de mes succur-
sales. Il m'a dit avoir occupé cet emploi chez vous pendant quatre
ans, avant d'entrer dans une maison qui vient de faire faillite et où il est
resté, dit-il, trois ans. Le fait d'avoir tenu la caisse dans votre honorable
maison le recommande déjà à notre attention. Mais le poste dont il
s'agit est très important et les mouvements de fonds y sont souvent
considérables. C'est pourquoi je me permets de vous demander votre
appréciation détaillée sur votre ancien employé et, si cela est possible,
les raisons exactes de son départ de chez vous. Je serais toujours très
heureux de vous rendre le même service, quand l'occasion se présen-
tera, et je vous prie d'agréer, Messieurs, avec mes remerciements anticipés, l'expression de mes sentiments distingués.

Exercise 53

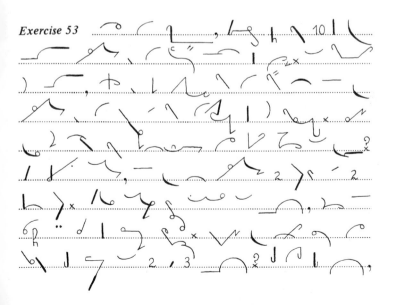

Exercise 54

Exercise 55 Monsieur, Déclaré en faillite par un jugement du Tri-
bunal de Commerce de cette ville en date du 10 septembre, j'ai obtenu
un concordat par lequel mes fournisseurs, tenant compte des
circonstances de ma chute, m'ont accordé une remise de 40 pour
cent sur leurs créances, le reste payable par annuités. J'ai été assez
heureux, depuis, pour satisfaire aux conditions de mon concordat et
même rembourser intégralement le montant de mon passif, capital et
intérêt compris. En conséquence, la cour de cette ville, dans son audi-
ence du six août, a rendu en ma faveur un arrêt de réhabilitation. J'ai
l'honneur de vous adresser ci-joint copie. Avec la nouvelle expression
de mes remerciements pour l'obligeant appui que j'ai trouvé auprès de
vous en des heures difficiles, je vous prie, d'agréer, Monsieur, mes
salutations distinguées.